A CIDADE
BRANCA

Editora Appris Ltda.
1.ª Edição - Copyright© 2023 dos autores
Direitos de Edição Reservados à Editora Appris Ltda.

Nenhuma parte desta obra poderá ser utilizada indevidamente, sem estar de acordo com a Lei nº 9.610/98. Se incorreções forem encontradas, serão de exclusiva responsabilidade de seus organizadores. Foi realizado o Depósito Legal na Fundação Biblioteca Nacional, de acordo com as Leis nºs 10.994, de 14/12/2004, e 12.192, de 14/01/2010.

Catalogação na Fonte
Elaborado por: Josefina A. S. Guedes
Bibliotecária CRB 9/870

S498c
2023
	Severo, Rodrigo
	   A cidade branca / Rodrigo Severo. – 1. ed. – Curitiba : Appris, 2023.
	   70 p. ; 21 cm.
	
	   ISBN 978-65-250-5021-8
	
	   1. Poesia brasileira. 2. Arte. I. Título.
	
	                                                                CDD – B869.1

Livro de acordo com a normalização técnica da ABNT

Appris
editora

Editora e Livraria Appris Ltda.
Av. Manoel Ribas, 2265 – Mercês
Curitiba/PR – CEP: 80810-002
Tel. (41) 3156 - 4731
www.editoraappris.com.br

Printed in Brazil
Impresso no Brasil

Rodrigo Severo

A CIDADE BRANCA

FICHA TÉCNICA

EDITORIAL	Augusto V. de A. Coelho
	Sara C. de Andrade Coelho
COMITÊ EDITORIAL	Marli Caetano
	Andréa Barbosa Gouveia - UFPR
	Edmeire C. Pereira - UFPR
	Iraneide da Silva - UFC
	Jacques de Lima Ferreira - UP
SUPERVISOR DA PRODUÇÃO	Renata Cristina Lopes Miccelli
ASSESSORIA E PRODUÇÃO EDITORIAL	Daniela Nazario
REVISÃO	Simone Ceré
DIAGRAMAÇÃO	Yaidiris Torres Roche
CAPA	Sheila Alves

À Luz do alvorecer e de todas as estações.

Aos novos tempos, auspiciosos, brilhantes para quem quer compreender...

À Transformação da alma, ao despertar da calma, e ao paraíso interior.

SUMÁRIO

DIÁLOGO ENTRE O PACIENTE E O TERAPEUTA 9
SÓ O QUE POSSO FAZER É ESCREVER 15
TRANSPLANTE 17
TAXISTA 18
A ASSISTENTE 20
SOLITÁRIO 21
POEMAS 22
A VACA QUE VENDE PEIXE 23
SENHORA 24
SERMÃO 25
ROÇA 26
O EMBALSAMADO 27
JUREMA 28
O SUMIÇO DAS ESTRELAS 29
XAMÃ 31
ELE, O AMOR 32
AS PONTES DE SALOMÉ 33
ALEPH 34
POEMAS DA FAZENDA 36
COM SEQUÊNCIA 39
GEORGES POMPIDOU 40
JOCA, SAI DA TOCA 41
PASSAREIO 42
ESTRELINHA 43
INFINITO 44
A DAMA E O CACHORRO 45
PAZ E PARAÍSO 47
PENSAMENTOS 49
O MÉ 50

PEIXINHO DOURADO 52
O LOBO DO CERRADO 54
GARIMPO 55
TEREZA 56
TONTOS 58
ESCRITOS DA ALMA 59
LOUSY TOWN 60
SEVERINO 61
É ALI, NO BANCO DA PRAÇA 65
TARUÃ MARÉ 67
A CIDADE BRANCA 68

DIÁLOGO ENTRE O PACIENTE E O TERAPEUTA

— Eu percebi haver finalmente alcançado a marca dos 40 anos quando completei 45. Fisicamente, as mudanças chegam inexoravelmente, e a percepção é visível e indelével. A barba é branca totalmente, os cabelos grisalhos, e o abdômen não se mantém estável, apesar de ainda sentir muita energia para as atividades físicas, sexuais e no trabalho. Percebemos enfim que mudamos de geração. Não estamos mais na "crista da onda". Não somos mais os Grous Coroados de imposição física, no charme galanteador exalando o elixir da juventude, empoderados na crença de que "tudo pode". Os experimentos da vida deixam, naturalmente, de ser testados. Afinal, os objetos perceptíveis adquirem o status de que "são como são". Nessa fase, você sente-se sabedor das leis e modos de vida; sente-se exaurido de ter que se submeter a eles, afinal você contribuiu seguindo-os por toda a vida, e talvez ajudou mesmo a criá-los. Aqui paro no relato sociológico, não avanço. Pelo menos não por ora. Quiçá retome essa parte, ou não. Porém, o fundamental é dizer que algo extraordinário aconteceu. Logo após completar os 45 anos, uma mudança muito mais significativa do que as alterações corporais chegaram e alojaram-se em mim. Foi como uma espécie de retorno definitivo às minhas origens, um reencontro, acoplando-se suavemente ao meu ser existencial do mundo terreno. Essa junção inesperada trouxe uma explicação palpável e agradável a muitas questões que me traziam dúvidas e angústias. Sem embargo, representou um alívio, e um despertar interior de muita alegria.

— Ok. Deixe-me ver se eu entendi... está me dizendo que aos 45 anos você, além de se sentir finalmente envelhecido, descobriu sobre a sua origem. Mas há algo que não está claro. Qual origem? Afinal, você não nasceu do ventre de sua mãe, na determinada condição social, na sua cidade e bairro?

— Claro que sim. Nasci exatamente como falaste..., mas esse nascimento foi no nosso mundo terreno. Veja bem, tente compreender. Não obstante, todos esses fatos óbvios, o que quero dizer-lhe é que eu descobri de onde eu vim, antes de nascer aqui nesse mundo terreno. Pode parecer estranho, ou uma maluquice, mas de fato aconteceu. Posso lhe garantir! Muitos fatos misteriosos de minha vida passaram a ter uma explicação. Comecei a juntar as peças do quebra-cabeças, uma a uma. Entendi perfeitamente o porquê de ter sido como eu fui enquanto criança, e enquanto um adolescente diferente da maioria... Não me considero especial. É somente e principalmente compreender por que eu fui assim. Até os 7 anos de idade (dizem que as crianças vivem em "alfa") eu estava em outro mundo, literalmente. Poderiam até me diagnosticar como autista, se fosse o caso. Era peculiar, e as pessoas sempre comentavam: "Puxa, como ele é calminho... não dá trabalho". A verdade é que eu, apesar de estar aqui na Terra fisicamente, a minha mente e o meu espírito estavam em outro lugar. Não sei o nome desse lugar... chamo-a de "Cidade Branca", ou, como uma ironia, refiro-me a ela também como "Xangri-lá"... (risos). Quando criança, eu sempre pedia para ficar sozinho. Imagine isso. Uma criança de 2 anos, de 3 anos... eu pedia para estar sozinho. Eu queria brincar sozinho. Aos 5 anos, não fazia a menor questão de brincar com outras crianças. E aos 6 para 7 anos, eu só me agrupava com adultos, especialmente familiares... Não saía da saia de minha mãe, ou das calças de meu pai. Somente me soltava junto aos familiares; fora de casa, fechava-me totalmente. Além desse comportamento hostil ao mundo externo, o marcante era que eu muito sonhava os mesmos sonhos. Eram sempre com "esse" lugar, a mesma paisagem, a mesma cena... Eram sonhos muito bons. Eram maravilhosos para bem-dizer. Eu criava situações imaginárias, e vivia como se estivesse nesse mundo imaginário.

— *Entendo.*

— Mas aos 7 anos algo muito significativo aconteceu. E aqui está um ponto fundamental. É como se eu tivesse saído parcialmente desse "mundo imaginário", desse local de origem, e tivesse desembarcado no nosso mundo terreno, finalmente. A minha consciência desembarcou na Terra, e então eu pude abrir os olhos e enxergar, mesmo que parcialmente, que a realidade era outra, completamente diferente do mundo ao qual eu estava habituado. Aliás, uma realidade muito dura. O mundo não era fácil, ou suave... era, sobretudo, medonho! Esse despertar causou-me sequelas que carrego até os dias de hoje, mesmo adquirindo essa percepção do momento. Entrei na selva, sabe? E uma vez estando na selva, é matar ou morrer, não é mesmo? A intuição de sobrevivência deve estar bem afiada. Não há outra opção. Você precisa, e deve sobreviver. Portanto, eis aqui a grande mudança existencial que tive que passar. Precisei aprender a sobreviver em tão tenra idade. E como eu não possuía uma artilharia pesada, não era possível atacar. Logicamente, nesse processo de autodefesa, a única saída que a minha parca consciência encontrou foi o isolamento. Afinal, isolar-me já era uma conduta natural. O medo da morte na selva provocou em mim uma alta capacidade de viver isolado, sozinho, mas dessa vez não por opção, e sim por sobrevivência. Aos 7 anos, eu não tinha amigos, não conseguia fazer amigos. A minha timidez alcançou níveis máximos, e exalava medo em meus poros. Crianças com tendências malignas captavam o odor do medo a longas distâncias, e eu me tornei a lebre fugindo do bando de arminhos. Esconder era o que me restava, o único refúgio, a minha chance. Não lhe relato isso com sentimento de vítima. Em absoluto. Não havia outra saída, conforme o meu "eu" daquele momento. Deixei de comer. Não conseguia comer, e não tinha qualquer apetite. Meus pais ficavam desesperados. Aos 7 anos, eu tinha somente 25 kg, e era o menor da minha turma da escola. A propósito, ir à escola representava o pior dos sofrimentos. Era como ir a uma sessão de torturas, ou ser encarcerado. Sentia-me como a caminho do encontro com o *grulhão* em pele e osso, *"oozing"* em chamas, encarando os seus olhos horrendos e fogos nas ventas.

— Parece-me um inferno para uma criança. Por quanto tempo ficaste isolado assim? Havia algum motivo para sorrir, para ter esperanças?

— Sem dúvidas foi um momento muito difícil. Faltavam-me melhores táticas de defesa... eu era muito ingênuo. Lembre-se, pois, que tudo nesse mundo era novidade para mim. Eu não possuía quaisquer conhecimentos ou artifícios que me garantissem sobressair. Isolar-me era a única alternativa. Isso é certo. Eu diria que foi o verdadeiro rito de passagem para este mundo terreno, e tive que passar... já no ano seguinte as situações melhoraram para mim. Contudo, ainda vivia mais recluso. Eu sabia, instintivamente, que eu era uma criança normal. Eu desejava brincar, queria participar, ser alguém. Era sedento por ser aceito pelas outras crianças, ao invés de ter que me esconder. Tanto que, após um ano, eu pude relacionar-me decentemente com a maioria delas, o que, na época, causou-me alívio. Isso em si já era um motivo para sorrir. Entretanto, cabe aqui ressaltar que eu ainda não estava completamente presente neste mundo. Uma parte de meu espírito e mente permaneciam no local de minha origem, nutrindo com uma fonte de energia e alegrias. Estar sozinho para ler ou brincar ainda representava um prazer e uma necessidade.

À medida que eu crescia, evoluía concomitantemente a criação e aperfeiçoamento do "mundo interior".

— *Você relata desejar ser aceito por outras crianças, brincar junto, mas igualmente disse gostar de estar sozinho... eu honestamente não entendi isso.*

— Talvez seja porque você perdeu o fio da meada sobre o motivo pelo qual aos 7 anos eu enfrentei uma espécie de "rito de passagem". Cabe aqui ressaltar: eu vim de um mundo totalmente diferente..., mas quando cheguei na Terra, não tinha essa consciência. Estar sozinho no "meu mundo", ou no meu "mundo interior" era intuitivo e alimentava o meu espírito. Apesar de estar preso nesse mundo terreno, a minha mente ainda se nutria desse "mundo original", invisível, claro, e que é a minha casa, por assim dizer. Porém, aos 7 anos, algo inédito até então aconteceu. Metade da minha consciência "acordou" para o fato de que agora eu estava na Terra. Logicamente era tudo novo, e levei um choque de realidade, pois fui introduzido às durezas de um mundo de atrito, de forças polutas. Mas como metade de mim já estava neste mundo, o "acordar", ou "despertar" ocupou o seu lugar na minha mente. Os desejos mundanos agora participavam do jogo, e foram escalados pelo Criador. Quais eram os desejos de uma criança de 7 ou 8 anos senão brincar com outras crianças? De desejar ter os brinquedos de sua época? De ir a parques e clubes? Comigo não foi diferente. Metade do meu ser, naquele momento, nutria-se perfeitamente com o mundo de lá, e a solidão era uma necessidade. Mas na outra metade do tempo, havia de alimentar-me da carne, do mundo terreno, de sair e ver, de lutar, sobreviver, de respirar e ser um ente participativo desse nosso mundo físico.

— *Entendi perfeitamente. Podes prosseguir?*

— Talvez uma das principais características que nós, seres humanos, temos seja a adaptabilidade. Como somos resilientes! Nós conseguimos nos adaptar às mais severas condições. Não estou comparando com o caso em questão, ou sendo dramático. O que quero deixar claro é que, após esse "rito de passagem" dos 7 anos, e tendo percebido inconscientemente que estava nesse nosso mundo terreno, consegui adaptar-me à nova realidade. À medida que me desenvolvia, e crescia, e os anos passavam, consegui balancear o tempo sublimemente. Essa etapa intermediária dos 8 aos 13 anos foi excelente para mim. Foi seguramente uma das melhores fases da minha vida, pois eu fiz amigos, brinquei, joguei muito futebol, videogames..., mas paralelamente eu buscava a solidão, o momento de conexão interior. Então eu dispendia muito tempo lendo, desenhando, conversando comigo mesmo. Não era um sofrimento, mas sobretudo um alimento para a minha alma. Essa conexão com o mundo interior era maravilhosa, agradável e suave. Eu diria, então, que aos 11 anos eu estava pleno comigo mesmo. Devido às necessidades de uma criança, crescendo e aproximando-se da adolescência, o mundo que eu criei para mim casou-se perfeitamente com a vida terrena. Porém, como era de se esperar, o próximo nó do bambu havia de chegar. E essa desconexão total com o mundo originário ocorreu aos 14 anos. Ali sofri um baque forte, e eu não tinha a menor consciência disso! Tudo no Universo evolui, nada é estático. A vida passa. Havia chegado o momento de desconectar-me definitivamente do útero, de romper a corda umbilical. A vida demanda isso da gente. Não se trata de uma punição, mas, somente e tão somente, do curso natural da vida. Portanto, sem embargo, a crise existencial foi imensa! Eu já era um adolescente demandante de situações e com sede de vida. Mas, em verdade, era sobretudo um jovem que se deprimiu ao perceber que aquele mundo imaginário e longínquo, de sonhos, inalcançável, era somente um mero sonho sem qualquer materialidade ou função. Conseguir realinhar as demandas físicas e emocionais novamente com o mundo interior foi, portanto, outro desafio. Um desafio condizente com a idade mais avançada, menos angelical do que quando você tem 7 anos... afinal, agora você já tem 14, o dobro! Já não é tão inocente, não é mesmo?

— *Sem dúvidas. Temos que sair do casulo e encarar a vida. Cumprir uma missão, respeitando os nossos dons e talentos. Mas essa crise da adolescência foi superada como? Demorou a encontrar-se novamente?*

— Eu diria que foi similar ao processo anterior. No ano seguinte eu já havia realinhado quem eu era com o que eu tinha que fazer neste mundo. Obviamente que essa desconexão causou sequelas que carreguei por muito tempo em minha vida. Mas essas cicatrizes emocionais e comportamentais, mesmo permanecendo em nós, servem de combustível e força para seguirmos em frente. Somos resilientes. Quando então olhamos para trás, quando relembramos todos aqueles momentos, fica sempre um sentimento de que "tinha que ter sido assim...".

— *Perfeitamente. Porém, fiquei ainda com uma dúvida. Por que toda essa redescoberta aos 45 anos? Porque não aos 30, ou aos 40?*

— Eu também não sei explicar. Há muitos mistérios nesta vida. Talvez alguns deles jamais sejam revelados. Entretanto, pode ser que no futuro, reunidas mais algumas condições, esse em particular seja desnudado. Por ora, o que eu posso dizer é que, justamente aos 45 anos, reuniu-se o histórico necessário para me mostrar acerca do meu local de origem, de relembrar. Veio suave, por pura intuição. Agora a minha meta é tentar compreender por que eu vim para cá. Se eu tiver essa permissão, será interessante e edificante para mim.

Mar 2023

SÓ O QUE POSSO FAZER É ESCREVER

Oh Senhor,
Há muito tempo
Eu tenho percebido
O concreto emulando
Poluindo os rios
Ceifando a grama
Dizimando os mangues

Oh Senhor,
Eu não consigo mudar
A Sua criação
Só o que eu posso fazer
Sobre o que construístes
É escrever

Vou repetir
Só o que eu posso fazer
É escrever muitas canções
Para que um dia
Muitas pessoas
Possam compreender
As Suas realizações
E protegê-las

Por um melhor amanhã
Pelo mato dourado

Pelas muitas águas limpas
Por Janaína e Siomara
Pelas flores mais belas e raras
E que o Seu reinado
Seja inabalado
Santificado e adorado
Na cantiga das Araras

Jan 2023

TRANSPLANTE

Transplante de óssea
Da sua vaginal
Pero hay que salir
Do estado vegetal

Transplante facial
Ocê que me aguarde
Vou transplantar
A sua atividade cerebral

Transplante de bucho
Joga fora o entulho
Esvazia o que é sujo
Para que eu possa entrar

Transplante devaneio
No Baudelaire alheio
Que na Paris um dia
Um boulevard inteiro

Transplante da óssea
Vais comer a hóstia?
Ou na desfeita idônea
És caminhante errônea?

Jan 2023

TAXISTA

Rodoviária Doutor?
Pode deixar
Em cinco minutos
O senhor irá chegar
Não terá sinal
Que vai me parar

Olha isso Doutor!
Quanta displicência
Atrás do volante
Exercício de paciência
Nessa modernidade
Ninguém mais pensa

Então Doutor...
Em quem o senhor votará?
Eu já escolhi o meu candidato
Será aquele que me matará
Nesse asfalto sem dimensão
Votarei sempre
na pior opção

Calma Doutor!
Já chegamos em dois momentos
Tu sabes como é esse intento
Esse *coche* já rodou muito

Tenho que trocar o rolamento
E um dia descansar

Em Xangri-lá

Jan 2023

A ASSISTENTE

A assistente do Doutor
Longa e esguia
De pele prateada, quiçá azulada
Possui um nariz delgado
E um olho azul mais azul do que o céu
Olhar fixo sem te olhar
Aquele caminhar desengonçado
Um assanhado rebolado, sem qualquer gingado
As pernas compridas, de uma linda feiura
Traz o remédio da cura
Vestida com um manto talvez cinza
Na sua fala mansa
Não emite som

Jan 2023

SOLITÁRIO

Sentou-se no bar
Naquele bar-café de passeio público
Solicitou um vinho *rosé*
Brindou ao vento, ao amigo invisível
E ao acaso mediúnico
Ascendeu ao próximo nível

Dez 2022

POEMAS

Os poemas são como as flores na primavera
Florescem assim, silenciosamente
Exalam um maravilhoso perfume
E revelam toda a sua beleza
exuberante

Jan 2023

A VACA QUE VENDE PEIXE

Ao lado da minha casa tem uma vaquinha

Ela calça meias roxas
e veste um cachecol quadriculado lilás e rosa

Devo admitir: ela tem estilo!

A vaquinha mora na esquina
em frente a uma lojinha

E trabalha compondo a paisagem
chamando os clientes para entrar
mesmo sem forçar

A lojinha é uma peixaria *gourmet*

Jan 2023

SENHORA

Senhora bituca
Quisera maluca
Remexe o caldo
Dessa fervura

Senhora cascuda
Será que me escuta?
Levou uma caneta
Pela meiúca

Senhora, a sua luta
Nessa labuta
Acabará sendo presa
Pela correnteza

Olé de Ganzé
Olá de Ganzá
Padroeira que nasce
Em Xacriabá

Senhora dos encantos, macios como as sedas egípcias
Nascida no reino mais belo que o de Sabá
Tranquilo e justo
Não saia de lá
Ou perdida, como acima, acabará
Continue com a paz, como há de ser
No belíssimo reino de Xacriabá

Jan 2023

SERMÃO

Há de haver muito sermão
Não é mesmo Senhor Padre?
Para conscientizar
Tanto cabeça de bagre
De que o fruto do Abricó
Não é de comer
Que o óleo da mirra
Não é de beber
E que na estrada da vida
Para não se perder
Muito sermão

Jan 2023

ROÇA

Olá, Seu Tinoco seu cara de coco!
Onde pensas que vai, não sejas louco
Rosana mandou-lhe chamar
Pois o caldo de cana vai-se-lhe pouco
Aproveita o saldo, não sejas bobo

Eulália, sua cara de palha!
Quedais misturada com essa gentalha
Debaixo do cocho
Acossas a pobre Natália
Irrompendo toda a sua falha

Lá na roça não sobra nenhum
Sem o bicho-de-pé adquirido
Na colheita do jerimum

Jan 2023

O EMBALSAMADO

Zezinho chegou
Após receber todo o trabalho de preparação
Os convidados iniciam a oração
Zezinho agora está no caixão

Semblante calmo e amarelado
Sua face artificial, o embalsamado
Na plateia chorosa, desconsolados
O sobrinho totalmente embriagado
E o padrinho arisco, descabelado

Dondinha quase desmaia, inconformada
Transforma-se em uma criança
Incapaz de realizar o menor dos trejeitos
O Padre veste o branco mais branco do que
o mais branco dos brancos que um possa enxergar
Sua missão é a todos acalmar

Zezinho era para muitos um herói
Agora está vestido com um terno elegante
Cor cinza, mas puído nos cantos
Gravata branca e um nó sem jeito
Foi posto deitado sob as flores
Com uma vela colocada junto ao peito
Partiu silenciosamente
Para o sono infinito

Jan 2023

JUREMA

Jurema pequena
Você me envenena
Não saia da fazenda
Do sinhô de Itapema
Onde é que tu andas
Assim tu apanhas
Se estiver para os lados
De Nilo Peçanha

                                                          Jan 2023

O SUMIÇO DAS ESTRELAS

O maluco na noite, em seu caminhar,
seduziu as estrelas sob a luz do luar.
Ao certo ele decidiu festejar,
convidou as estrelas para um delicioso jantar.
Joaquina risonha quando percebeu
que as estrelas foram embora do céu,
perguntou para a lua o que aconteceu.
A lua então, ao descobrir que errou,
chorou lágrimas prateadas de dor,
iluminando a escuridão com luzes sem cor.
Ao amanhecer, o sol desperta do seu pesadelo.
O sol não pode abraçar o mundo,
pois, à noite ele dorme um sono profundo.
Sem o apoio do sol, Joaquina decide investigar.
Onde é que as estrelas foram parar?
Ela teve a ideia de pedir às nuvens para ajudar.

As nuvens que vagam alto pelo firmamento podem
[encontrar
o paradeiro das estrelas, que fugiram sob a luz do
[luar.
Nuvens brancas de algodão,
que aliviam as durezas do calor do sertão,
encontraram as estrelas em desilusão.
O maluco na noite enganou-as totalmente.
Lavou todos os brilhos impiedosamente,

e largou-as desoladas, abruptamente.
As estrelas ao regressarem para o céu
foram acolhidas com celebração,
e receberam o abraço da lua em reconciliação.
As nuvens e a heroína Joaquina
comemoraram com auspiciosas gotas de mel.

Fev 2023

XAMÃ

Vinde meu Xamã
Nas areias do deserto
Estou a buscar
Vinde mais perto
Minhas feridas curar

    Vinde meu Xamã
    No alto dessa serra
    Olhando para o céu
    O vento me leva
    Para encontrar o amanhã

        Vinde meu Xamã
        Cavalgar na serpente
        Rastejar com o rei
        Na essência da mente
        Simplesmente

            Jan 2023

ELE, O AMOR

O amor não se explica
O amor futrica
Num dia ele magoa
No outro ele perdoa
Num dia ele encanta
No outro ele é ardente
Ele, o amor
Absolutamente...
Vive!

Jan 2023

AS PONTES DE SALOMÉ

Eu quero chegar nas Pontes de Salomé
Ligam Accra a Sento Sé
É planalto acima
E os rios são poucos
O mato é duro
Afasta os outros
Ao subir a mesa porém
No alto, as retas te ligam ao além
Nessa imensidão tu vais
Na companhia de vossas vozes
Vencendo vossas batalhas
Subjugando os algozes
[até avistar
Depois do imenso caminhar
As Pontes de Salomé
Encrustadas nos chacras
Que alinham a nossa fé
Conectando Accra
a Sento Sé

Jan 2023

ALEPH

Paulinho e Marcelo
Brincavam com o brinquedo mais singelo
Que encontraram dentro de uma caixinha na garagem
Onde deveria estar guardado um chinelo
Ali estavam as mais lindas bolinhas de gude
Verdinhas e brilhantes, com uma tonalidade especial
Que te remontam às estrelas do espaço sideral
Paulinho percebeu que uma era diferente
Possuía um gelo glacial
Tentaram destruí-la com um martelo
Era impossível, simplesmente...
Segurá-la quase não se podia
Era aquele flagelo
Marcelo mais vivido, teve uma ideia genial
Colocá-la em cima daquele pedestal
E contemplar a mais exuberante esfera branca
D'onde podia-se ver tudo e todos
Mesmo parados, sem caminhar
viajavam o mundo sem sair do lugar
---- x ----
O Aleph de Borges é psicodelia
No espaço vazio surge o infinito
Na mais sublime epifania
Com o seu traço azul cruzando o todo
De ordenação e controle
Para desorganizar e colapsar

Destruir a casa velha e levantar a casa nova
É enxergar o passado e o futuro
De todas as coisas
É deitar-se no chão duro
Reunindo forças
Para recomeçar...
Mas diante de toda a sabedoria
Num espaço mental aleatório
Aleph é a arte e o sol da euforia

Jan 2023

POEMAS DA FAZENDA

O PATO MALUCO

Ah pato!
O que fazes escondido no mato?
Ô pato, qual é o seu nome?
Pato Mulato parece sensato
Afinal, tu brincas no lago do nado
Assim nervoso tu transformaste
Num garnizé avermelhado
Mas decerto milongas
És enculhambadamente desengoçado

A GALINHA JEFINA

Passa o seu dia chocando o ovo
Pois não há nada de novo
No galinheiro
Prutucas do milho ali
E *prutucas* para o milho aqui
De novidade um galo penado
Carregando o seu balangado
Por todo o terreiro

O PORCO BOLUDO

Porco rosado e gorducho
É o chefe de todos
Passa o dia matutando
Sobre como destronar
O tirano fazendeiro
Saiba porco, que tu és um sortudo!
Vives em moratória
Tu já deverias, seu baderneiro
Ser um torresmo borrachudo

VACA PÉ-DE-JACA

Olha a vaquinha...
Tão dócil e bonitinha
Malhada em preto e branco
Achas que é a rainha
Do sertão desse curral
Não me leves a mal
Mas no seu pé há algo
Fulgural, fenomenal
Moldado no meio pelo ferro
Para pisar nas jacas
que caem
no reino das vacas

O CAVALO TAPADO

Sabedor dos planos malvados do porco
Ele mesmo quer ser um malvado
Tem tamanho e muita força
Apesar do plano atrapalhado
No fundo, bem lá no âmago
Não passa de um tapado

A OVELHA CAJUÍNA

Toda peludinha
Vestindo uma pelagem de bailarina
É branquinha e alienada
Conduzida pelos chefes
Para onde vai a manada
Sempre a pensar na sua perdição
Onde jaz toda a sua intenção
De fugir na surdina
Para desfrutar a sua cajuína

Jan 2023

COM SEQUÊNCIA

O véio matou a onça
        Que come o gato
        Que come o rato
        Que come o mato
        Que é a casa do pato
        Que não bota o ovo
        E não nada no lago
        Que não tem o sapo
        Que não come o grilo
        Que não semeia o milho
        Que não faz o fubá
        Pra gente comer...

João
        Que não comeu o pão
        Perdeu a força na mão
        Para fazer a adição
        No banco da escola
        E sem a prática
        Não aprendeu matemática
        Quando cresceu
        Virou uma estátua
        Da civilização

O equilíbrio do caos?
Ou o caos equilibrado?

                        Jan 2023

GEORGES POMPIDOU

Georges Pompidou
Cara-de-pau mamadu
Vão-vê que sacana
Até no babaçu

Georges Pompidou
Seu traíra furdum
Um dia eu te pego
Roçando o mulungu

Na bica da paineira
Caminhando pela beira
Caindo na ribeira
Do açude de Moreré

Tu sabes Pompidou
Que lá em Barbacena
Tens a cara de um jacu

E de quebra baderneira
Assumes tua maneira
Problemas de Solange

Georges Pompidou
Seu branquelo mutum
Voltes para a tua terra
Para as chamas de *ûrdum*

Jan 2023

JOCA, SAI DA TOCA

Joca é o irmão do Nonoca
Mora em uma toca de palha
Envolto a muita tralha
Na pedreira ali da roça

Joca nunca sai da sua toca
Dizem que é sábio e faz bendições
A bem-dizer as suas condições
São com pé de casca grossa e chulé

Joca, sai da toca hômi!
Aninha pergunta por ti!
Nonoca já desistiu
De velar enfim

Fev 2023

PASSAREIO

Sereno, meu suserano
Passá-lo, meu vassalo
Ronde, meu errante

Como um veterano
Montá-lo, o cavalo
Tocando esse berrante

Vai-se-lhe pela trilha
Vai-se-lhe caminhante
Conduz essa boiada
pelos caminhos penetrantes

Passeia pela vida
Vai-se o mundo *passareio*
Cumprindo sua missão
No eterno pastoreio

Jan 2023

ESTRELINHA

Estrelinha, estrelinha...
Minha querida estrelinha.
Você, linda, ali está nesse oceano brilhante
[do céu noturno.

Minha querida, não podemos te abraçar,
[tampouco te nomear.
Porém, um dia, vamos nos reencontrar, e
[de alegria chorar.

Pois, a oportunidade não foi perdida.
Foi somente
o capricho
da despedida.

Jan 2023

INFINITO

A poesia... ela é infinita,
pois as palavras são infinitas
e o sentimento de um homem...
Infinito

Jan 2023

A DAMA E O CACHORRO

A dama e o cachorro
Sentados na sombra
dessa melodia
Diante dos olhos
- embriagados
Passantes avançam
- indignados
Ao deitar-se o dia
Sem quiçá referência
finalizam o passo
com paciência

A dama e o vagabundo
Alcançando o céu
- moribundo
Desvela o véu
- demiurgo
E com quiçá referência
gira o passo
nessa imponente saliência

A dama e o seu cachorro
peludo e frágil
Transforma-se em um pedágio
do vivente
- embusteiro

Agonizando nos becos
- carniceiro
E com quiçá referência
não encontra o sentido
porque veio

Fev 2023

PAZ E PARAÍSO

Há dias em que tudo parece desmoronar
Falta-nos tudo,
até o ânimo de encontrar
um motivo que seja,
para levantar e caminhar.

Quando tudo mira escuro
e sem esperança;
quero voltar a ser criança.
Pois, é na sua singela inocência
que habita o paraíso da consciência.

Quero encontrar os mestres na Cidade Branca.
Com santíssima sabedoria,
todas as suas dúvidas
respondem com alegria.

Quero o conforto de Xangri-lá.
Onde não há barreiras
para viajar
de um lado para o outro.

O coral de anjos arrepia a alma.
Os instrumentos da orquestra
confortam a mente.
Os *néos* e *éons* bailam no ar,

em tons de verde e azul,
pacificam os olhos.

Não há mais desmoronamentos.
Falta-nos nada; tudo está
paz e paraíso.

Fev 2023

PENSAMENTOS

Não tente esquecer
não tente esconder
as suas lembranças

Boas ou más
elas representam a sua memória
quem você é
contam a sua história

O arrependimento é ignorância
pois ao não te acolher
perde a substância
do seu coração

Aceitar a sua história
é amor e sabedoria
é viver com alegria
que nessa terra se faz e se cria

Agora feche os olhos e sinta
a luz e o amor do abraço eterno
do Criador

Fev 2023

O MÉ

José correu correu correu
Correu por toda a sua vida
Sempre atrás do mé
Com toda a sua força e dedicação
Viveu em ilusão
Por ter muita fé

José correu correu e rodou o mundo
Nutrindo um sentimento profundo
Em sua busca incansável
Pelo mé vagabundo

Quando
Sem as devidas forças
Para continuar a correr
Viu então o mé escorrer
Por entre os seus dedos
Pediu para morrer

Parte 2

José correu correu e rodou o mundo
Sem perder o sentimento profundo
Por encontrar a paz celestial
Porém nas curvas dessa estrada

En passant burilada
Deitou-se no canto escuro com a besta bestial

José correu correu correu
Mas não chegou
Perdeu-se pelo caminho?
Percorreu o labirinto de espinho
Sem chegar ao destino
Padeceu em punho

Correu e percebeu
Que foi tudo em vão
Sem recompensa e sem perdão

Fev 2023

PEIXINHO DOURADO

Peixinho dourado
Quão suave é o seu nado
Deslizando pela água fria
Reluzindo todo encantado

Borbulhando na sua fala
Encontra o lambari

 — Dia, lambari!
 — Dia, peixinho dourado!

Lambari sempre simpático e animado
Recomenda-lhe que vá a nado
Até a piscina do sapo
Lá na curva do matão

 — Peixinho dourado, meu amigo encantado,
 tu nadas até o matão e chegarás na piscina do sapo.
 Lá tu encontrarás a mais linda sereia desse sertão!
 — Existe sereia no rio?
 — A mais linda de todas!

Sereinha morena, que és tão pequena
Seu canto iluminado
Transforma esse riacho
Num pedaço do paraíso

Então o peixinho dourado
Avista a *sereinha* na mais linda
pedra da curva do matão
Um local de honra desse sertão

Ao tocar na sereinha morena
Peixinho dourado
Derreteu-se avermelhado
Completamente apaixonado

                                                            Fev 2023

O LOBO DO CERRADO

O lobo do Cerrado, marrom-alaranjado,
Com pelagem macia e pé pelado,
Vagueia tímido pelos campos de mato dourado
Entremeio às árvores esparsas e retorcidas,
Em um chão pedregoso,
com espinhos descabelados, mas audaciosos

Solitário e vadio, caminhas distraído, mas atento
[aos movimentos aguçadores de voss'alma
Vais ansioso e embevecido
Isolando-se em sua massacrante melancolia

Sonhas em destroçar uma carne flácida
Sonhas com o veado campeiro, em morder-lhe
[as ancas macias e saborosas
Saciar com o seu sangue eterno, enchendo o bucho
Até o topo dos seus desejos carnívoros
Na ansiedade de subjugar os seus medos e devaneios
E fazer pulsar a vida dos seus dentes, dos instintos
Mas contenta-se com o fruto apodrecido caído no chão

Não desejas a companhia indesejada
Quer somente a paz festejada
De sua sublime solidão
Amparada pelas belezas e encantos do sertão

Mar 2023

GARIMPO

É o ouro minha querida

Passa por cima
de qualquer ética
de qualquer moral

O ouro corrompe
qualquer mortal

Fev 2023

TEREZA

Moleza Tereza parece-me bom
Cuidado Tereza!
Com essa moleza teremos problemas
Para enfrentar as durezas
Desse sertão e suas profundezas

Tereza moleza
És o momento
Pois tenha a fineza
De assumir a nossa grandeza
Perante esse mundão

Levanta-te e caminha Tereza!
A hora soou
Nessa vida, só há uma certeza
Até o sol baixar
O secundário temos de alimentar

Tereza, eis a condição!
De que nessa secura sem fim
Os espinhos massacram
E as folhas secam
Sem o brilho do jasmim

Vamos Tereza!
Não há tempo a perder

No ancho desse boi escondido
Sapecando o bandido
Aos caprichos do bicho submeter

Sabes, Tereza...
Respirando o pálido ar desse sertão
Tu és o milagre e o perfume
Tu és a mais linda belezura
Que um poderia sonhar

                                                 Abril 2023

TONTOS

Vejam como correm
Tantos correndo tontos
Sem direção e sem dimensão
Para onde será que vão?
Por que correm tanto?
Tontos, como zumbis
Encerram encoleirados na locomoção
Perdidos na ausência do sonho
Iludidos na ausência da opção

        As formigas jamais cessam o seu trabalho

Vejam tantas baratas tontas
Enlatadas pelo *grulhão*
Fugindo da luz do dia
Enjauladas no desejo inalcançável
De que na vida há de resignar
Incapazes de perceber o que veem
Impedidas de abraçar a imaginação
Sem embargo, isso é certo
São governadas pela televisão

        As formigas jamais cessam o seu trabalho

Abril 2023

ESCRITOS DA ALMA

Os escritos que vêm da alma
não requerem julgamentos.
Arte indelével, leve, subliminal.

Os escritos que vêm da alma
têm essência e sentimento,
são divinos.

Os escritos que vêm da alma
são como as chamas
que nunca se apagam.

Os escritos que vêm da alma
não precisam do crivo da estética,
ou da correção.

Eles são como são.
Puros.

Abril 2023

LOUSY TOWN

From up here I see the town
It is burning down
Oh! What a lousy town!

Cars`re crashing
Heads`re smashing
And my soul...
`re definitely gashing

From up here, strange as it sounds
Looking down as the old mounts
Effusive feelings disconnects
For this lousy town, love...

Ressurrects

1997

SEVERINO

Ah, Severino!
Como é mesmo que te chamam?
Severino da saveiro
Severino do berimbau
Lobo do Cerrado

Ah, Severino da saveiro!
Aonde vais tão ligeiro?
Esconder-te no abacateiro
Tu vais
Do que tu foges, Severino?
Saiba que tu podes, Severino!
Foges da fome
Foges da seca
Fugir ou lutar?
Fugir e esconder-se da vida
No quarto escuro do inconsciente
Amedrontado e impotente
Levantar-se e lutar
Como um predador sanguinário
Farejando e sonhando com a carne flácida
Saciando-se com o sangue imaginário

Ah, Severino do berimbau!
Organizando solitário
As armadilhas para a caça do pica-pau

Solitária vai a tua mente andarilha
A bem-dizer, tu és o lobo do Cerrado
Nunca és carta fora do baralho
Andarilho sagaz vagando entre dois polos
Buscas externamente a aventura ardente
Mas consolas-te no seio de tua alma interior
Isoladamente
Nutres sentimentos humanos e mundanos
Exercitando tuas imagens e ideias
Porém, abres-te ao animal profano
Enfurecido pelas amarras convencionais
De todas as aparências das relações sociais

Ah, Severino do pandeiro!
Gozaste no mundo inteiro
Na cara dos *metrilhões* abusadores
Que causam intrigas e dissabores
Oxalá nesse mato sem dimensão
Onde todas as árvores parecem iguais
Sem saber para que lado correr
Das auguras doídas do sertão
Similar em tamanho e feição
Aos desafios da vida
Severino tu não desistes
Como uma vara que enverga
Não rompes, pois nunca encerras
A centelha da vida
Rompeste definitivamente com o *grulhão*
Pois, dali nada útil será extraído
Mesmo caído
Levantaste-te imbuído do seu caminho

Ah, Severino do Piauí!
Caminhante pelos planaltos do Piripiri
Não desistes de tua sina
Em verdade, conformas-te com a tua sina
Mas nas mentes sonhadoras
Vislumbra eterno o prazer da cajuína
Prazeres viventes que não o assanham
Sempre que retornas à cidade de Montalvânia
Ah, Severino...
Qual é a tua sina?
Na vida e na morte
Matar ou morrer?
A tua morte e vida severina
Nessa selva amarga do sertão
Onde todos dão as mãos
Para não serem vítimas do *grulhão* arrebatador
Lutas contra as tuas dores para não padecer

Ah, Severino!
Tu és vencedor
Tu és único
És o lobo do Cerrado, és o sertanejo
O sol e a lua na pousada de veraneio
A razão e o sentimento
O cálculo e a poesia
Acolhedor e predador
Inteligente e solitário
Na alma dúbia vence todo o quartel imaginário

Após esconder, és inviolável
A tua liberdade é inegociável
É incorruptível
Severino, tu vais!

Mar 2023

É ALI, NO BANCO DA PRAÇA

É ali no banco da praça
Que o andarilho encontra a guarida
Para aguçar a alma
E criar a sua poesia

Ali na praça da igreja central
Bem ao lado do bordel
Comandado pela dona Corina
Que escondia os seus clientes
Com sabedoria e purpurina
Das fúrias de vossas senhoras

Antigamente era mais fácil
Bastava o milho e o banco
Todos os pombos vinham
E no *passareio* da vida encontravam
A poesia escondida
Sentado ali naquele banco

Dali do banco da praça
Podia-se cumprimentar o Baiano
Vendendo as suas balinhas e chicletes
Na saída da escolinha vesperal
E salvo engano
Ele também vendia o algodão celestial

Passou ali o caminhão da pamonha
Incomodando o cachorrinho da vizinha
Cujo nome ele atendia por pamonha
Meu Deus, quanta maluquice!
Uma fanfarra com todas as esquisitices
Observadas dali, daquele banco da praça

Senhoras e senhores, é ali no banco da praça
Onde tudo se realiza
Com ou sem o Saint Rémy
Com ou sem o milho dos pombos
Porém, é ali
Que a poesia se faz imortal.

             Mar 2023

TARUÃ MARÉ

— *Qual é o teu nome?*
— Taruã Maré
— *De onde vens? O que fazes aqui?*
— Eu venho do lado de lá! A minha missão aqui é alertar-vos
Para compreender
        E aprender
                A proteger
Uns aos outros, e tudo aquilo que está sobre a Terra
O mato dourado, as árvores e os minerais
As águas, as nuvens e os animais
O luar, as cantigas e os portais
Os excluídos, os desvalidos e os meros mortais
As estações, as tradições e orações
O abraço, o sorriso e o calor dos corações
O abrigo, o alento e a poesia
O tempero, o sabor e a maestria
A magia, o alimento e a sensibilidade
O tudo e o nada, o mestre e a fada
A noite e o dia, Ele e a paz sagrada!

                                      Mar 2023

A CIDADE BRANCA

A Cidade Branca é o lugar de onde eu vim.
E mesmo estando bem longe de lá,
não consigo esquecê-la,
não consigo tirá-la de mim.

Se direitinho observar,
há algo mágico no ar.
Você, bonitinho, encontrará
um mundo paralelo, invisível,
sentido somente através do plexo solar.

A Cidade Branca sobrevoa as nossas cabeças.
Num perto-longe ausente de todas as distâncias.
Em verdade, ausente está de toda preocupação.
Basta conectar-se com a correta dimensão,
e alcançarás a mais pura paz,
superando o alcance de qualquer religião.

Olhe para cima. Consegues perceber?
Aquela linda luz dourada,
reluzindo indelével, atraindo-te
para o gozo do alvorecer.

A cidade de onde eu vim é toda branca!
Avista-se lá do alto do avião,
envolta nas nuvens que se parecem
pedacinhos de algodão.
Logo sentimos a iluminação da paisagem,
assim como na excitação de uma criança,
batendo palminhas e balançando as perninhas,
quando vê pela primeira vez
um parquinho de diversões
repletos de balões e docinhos.

Lá, todos os prédios são brancos.
Muitos deles são decorados com um mármore claro, limpíssimo, a ponto de refletir como um espelho...
Nas fachadas superiores, dominam as vidraças azul-esverdeadas das janelas.
Há aqueles baixos e compridos, e outros altos e finos.
A cidade possui uma beleza ímpar!

Os parques são muitos, e todos floridos, e bem cuidados.
Os jardins estão por toda a parte.
As flores contornam os passeios e as ruas.
Os carros circulam quase sem fazer barulho, e são majoritariamente... brancos!
Como tem que ser...

As pessoas vestem-se de branco.
Às vezes em outros tons, como areia e cinza-claro, mas todas muito elegantes.
Há sempre um sorriso estampado no rosto, e a angústia, e o medo, parecem não existir ali.
Na cidade não se ouvem gritos ou choro...
tudo é paz...

Jan 2023

Fim!